**SCHREIB UND LIES.**

_S___ _O___ _F___ _A___

_____ _____

_____ _____

_____ _____

_____ _____

_____ _____

  **SCHREIB UND LIES.**

_____ _____

_____ _____

_____ _____

_____ _____

_____ _____

_____ _____

  **VERBINDE BILD UND WORT.**

der HASE

das ZEBRA

die TOMATE

der ADLER

die ROSE

der UHU

der BIBER

der TIGER

die HEXE

der BAGGER

das KROKODIL

der ANKER

das BUCH

der ELEFANT

die RAKETE

  **VERBINDE BILD UND WORT.**

das GESPENST

die SONNE

der ROBOTER

der MOND

der HUND

die KATZE

die WOLKE

der DRACHE

die ZIEGE

der JUNGE

der DELFIN

der KRAN

der RITTER

die UHR

die LEITER

die SÄGE

der ESEL

das HUHN

der ASTRONAUT

die BURG

  **WELCHES BILD PASST?**

die RAKETE

die NUDEL

die ANANAS

der PAPAGEI

das TELEFON

das UFO

die ROSE

der WALD

der FUßBALL

der SATTEL

der ZAHN

  **WELCHES WORT PASST?**

der TIGER

die TINTE

das TOR

---

der LÖWE

das LAMA

die LAMPE

---

der APFEL

der AFFE

die AMPEL

---

das SCHAF

der SCHATZ

das SCHIFF

---

die KERZE

das KAMEL

der KELLER

der FUCHS

der FISCH

der FROSCH

der KRAN

die KISTE

der KUCHEN

die SUPPE

die SONNE

der SOMMER

die NACHT

der NAGEL

die NASE

die **WASCH**MASCHINE

der **WASCH**BÄR

der **WOHN**WAGEN

  **MALE** **9**  **BILDER.**

die BLUME

die ENTE

der PILZ

das AUTO

die SONNE

der STERN

das HAUS

der MOND

der HAMMER

der BALL

der FISCH

  **Was gehört zusammen?**

	Del	bel		Stink	mel
	En	fin		Ta	we
	Nu	der		Ka	pe
	Fe	te		Lö	tier
	Ga	del		Lu	xi

	Tau	pe		Kä	fel
	Vo	chen		Sä	xe
	Ku	ze		Un	se
	Ker	gel		He	fall
	Lam	cher		Teu	ge

	Ti	pir
	Vul	ter
	Vam	kan
	Lei	nu
	Ka	ger

	Zir	chen
	Nas	wurf
	Maul	sel
	In	kus
	Mäd	horn

	Pan	be
	Wür	pe
	Wes	da
	Zun	fel
	Ra	ge

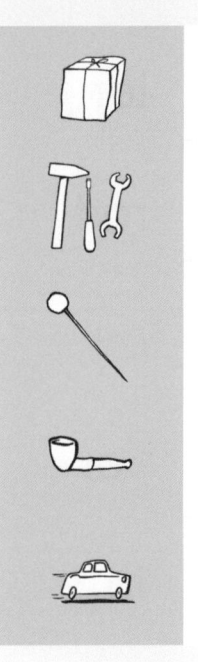

	Pa	fe
	Werk	del
	Na	ket
	Pfei	to
	Au	zeug

  **Was gehört zusammen?**

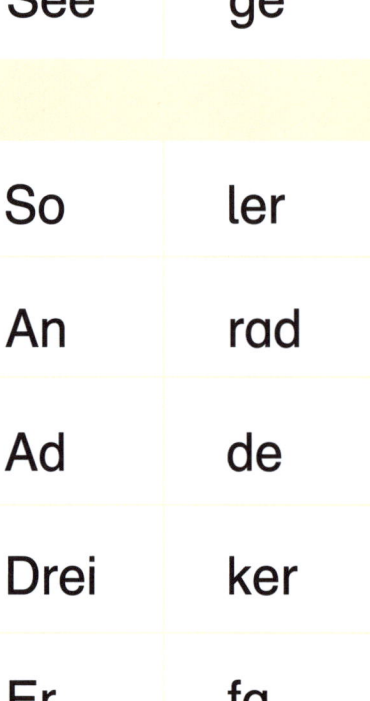

	Au	me		Am	se
	Wol	stern		Sä	fel
	Pi	ke		Ap	pel
	Pal	rat		Bie	ge
	See	ge		Do	ne

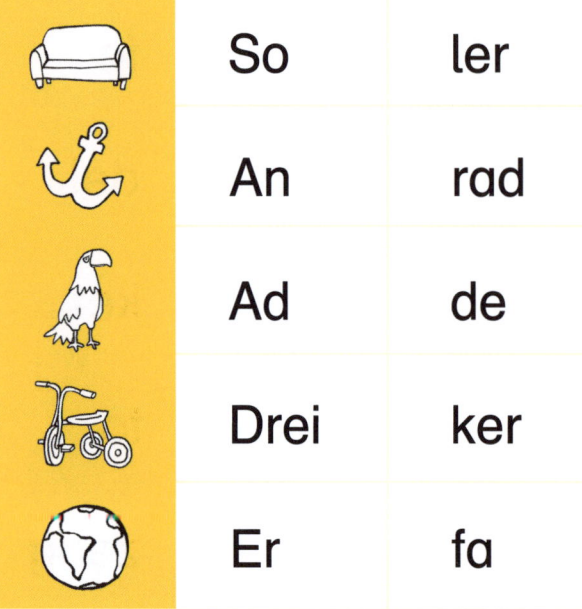

	So	ler		Nas	nig
	An	rad		Kö	horn
	Ad	de		Eis	ge
	Drei	ker		Flie	ball
	Er	fa		Fuß	bär

	Ein	do			Pflau	horn
	Gei	rad			Po	bra
	Hams	ge			Ze	ge
	Ruck	ter			Ein	ny
	Ju	sack			Jun	me

	Ei	gel			Flug	ten
	Fahr	tus			Gar	ber
	Kak	net			Bi	sche
	Spie	mer			Du	ger
	Pla	rad			Jä	zeug

 Male **12** Bilder.

das **Eis**

der **Kreis**

das **Blatt**

der **Luft**ballon

die **Maus**

der **Stift**

der **Fuß**ball

die Puppe

die Ameise

die Kerze

der Kamm

die Hand

der Kaktus

das Seil

das Tor

Male 13 Bilder.

die **Brille**

die **Fleder**maus

der **Baum**

das **Schwert**

der **Regen**wurm

die **Pizza**

das **Herz**

die **Gummi**stiefel

der **Apfel**

die **Taschen**lampe

das **Haus**tier

die **Regen**wolke

die **Wippe**

✏️ _____

✏️ _____

  **Was gehört zusammen? Schreibe die Wörter.**

Son	ze	die Sonne
Fahr	mer	das
Eu	ne	die
Ham	rad	der
Kat	le	die

E	ne	der
Pin	ger	der
O	sel	der
Spin	sel	die
Bag	fen	der

22

Ba	se	das _____
Ho	bel	die _____
Ga	ter	die _____
Rit	ge	der _____
Flie	by	die _____

Sat	we	der _____
Do	tel	die _____
Af	se	der _____
U	fe	der _____
Lö	hu	der _____

  **Was gehört zusammen? Schreibe die Wörter.**

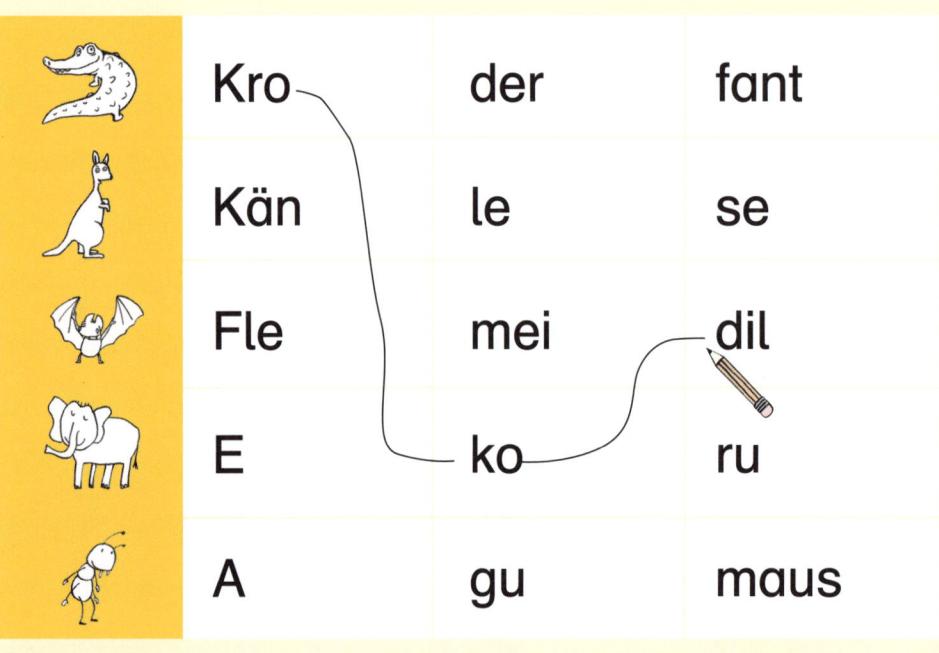

Kro	der	fant
Kän	le	se
Fle	mei	dil
E	ko	ru
A	gu	maus

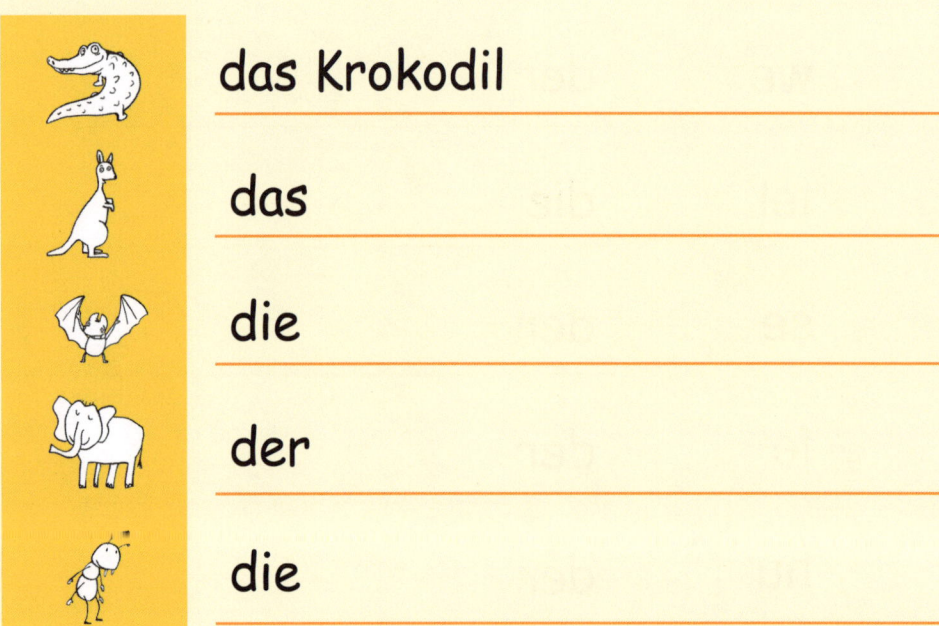

das Krokodil

das _____

die _____

der _____

die _____

 Ra	do	fisch
Schmet	ke	se
See	ter	chen
Tin	pferd	ling
Steck	ten	te

 die _____

 der _____

 das _____

 der _____

 die _____

  **Verbinde Bild und Wort.**
Nimm verschiedene Stifte!

der Hai · · die Schnecke

 der Wal · · der Taucher

der Orka · · die Katze

 der Seestern · · der Tintenfisch

der Esel · · der Delfin

 das Seepferdchen · · die Schildkröte

der Fisch · · die Qualle

 das Stinktier · · der Wolf

   Male alle Tiere an, die im Meer leben.

  **Verbinde Bild und Wort.**
Nimm verschiedene Stifte!

der Adler   die Fledermaus

die Biene   die Wespe

der Papagei   die Schnecke

der Pinguin   die Libelle

das Pony   der Geier

der Rabe   der Storch

der Marienkäfer   der Specht

die Mücke   das Känguru

   Male alle Tiere an, die fliegen können.

  **Verbinde Bild und Wort.
Nimm verschiedene Stifte!**

das Seepferdchen	der Waschbär
die Schnecke	die Ziege
die Spinne	die Qualle
der Regenwurm	der Fuchs
der Fisch	der Stier
die Heuschrecke	das Kaninchen
der Tiger	der Hai
der Jaguar	der Tintenfisch

   **Male alle Tiere an, die keine vier Beine haben.**

  **Verbinde Bild und Wort.**
Nimm verschiedene Stifte!

der Wal	das Eichhörnchen
der Storch	das Schaf
die Eule	der Salamander
das Känguru	der Regenwurm
das Zebra	das Nashorn
das Chamäleon	der Maulwurf
die Fliege	der Elefant
die Biene	der Leguan

   Male alle Tiere an, die ein Fell haben.

  **Was siehst du? Male an.**

☒ die **Giraffe**

○ der **Tier**pfleger

○ das **Kind**

○ der **Löwe**

○ der **Elefant**

○ der **Dino**saurier

○ die **Spinne**

○ das **Krokodil**

○ der **Eis**bär

○ der **Pinguin**

○ der **Eimer**

○ der **Fern**seher

○ die **Brille**

○ die **Banane**

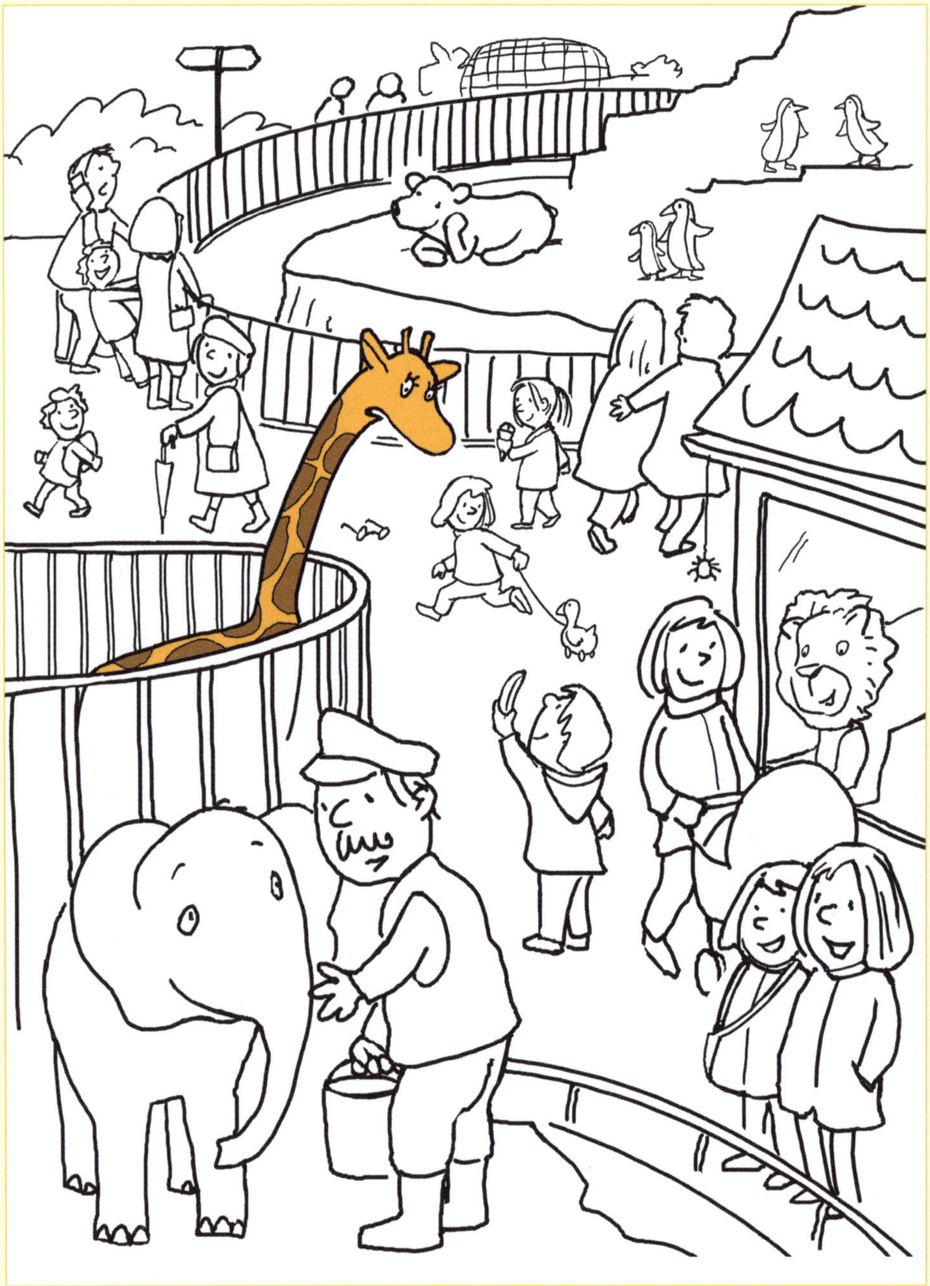

   Welches Tier hat die meisten Beine?

_____

  **Was siehst du? Male an.**

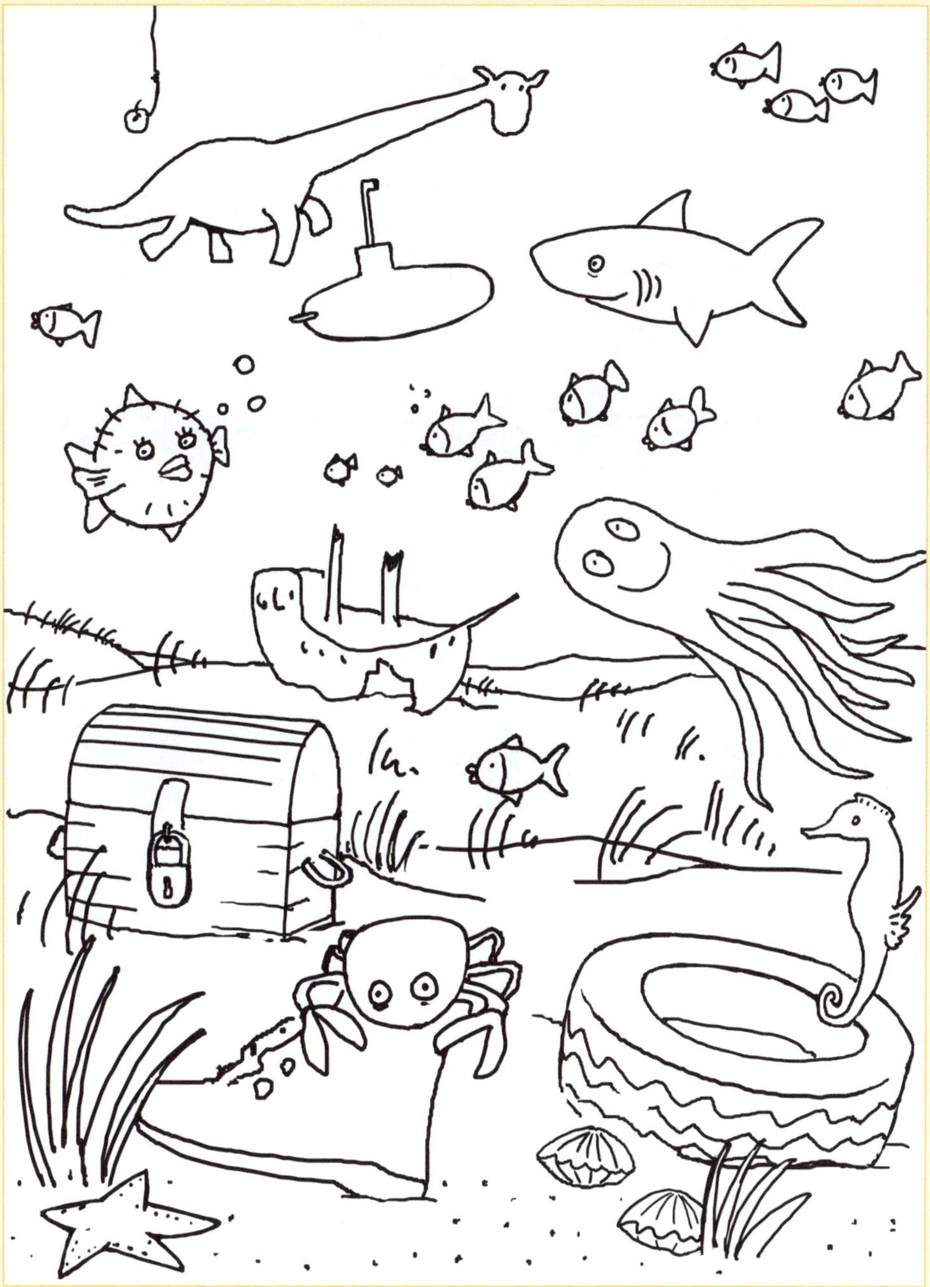

- ○ die **Schatz**kiste
- ○ das **Skelett**
- ○ der **Kugel**fisch
- ○ die **Koralle**
- ○ der **Krebs**
- ○ der **Tinten**fisch
- ○ die **Muschel**
- ○ das **See**ungeheuer
- ○ die **Nixe**
- ○ der **Hai**
- ○ der **Auto**reifen
- ○ das **See**pferdchen
- ○ der **Stiefel**
- ○ die **Kerze**

   Was ist in der Schatzkiste?

_____

  **Was siehst du? Male an.**

- ○ der **Schieds**richter
- ○ die **Mittel**linie
- ○ der **Trainer**
- ○ der **Fuß**ball
- ○ das **Tor**
- ○ die **Ersatz**bank
- ○ das **Drei**rad
- ○ die **Rote Karte**
- ○ der **Stürmer**
- ○ der **Torwart**
- ○ der **Fisch**
- ○ der **Zuschauer**
- ○ der **Schal**
- ○ die **Pfeife**

   Was hat der Torwart an?

_____

  **Was siehst du? Male an.**

der Tiger

die Seiltänzerin

der Clown

die Manege

das Buch

der Elefant

das Zelt

der Vorhang

der Scheinwerfer

der Akrobat

die Rakete

die Maus

der Zauberer

das Pferd

   Welches Kunststück kannst du?

_____

33

  **Was siehst du? Male an.**

- ○ der **Sattel**
- ○ die **Trense**
- ○ das **Huf**eisen
- ○ das **Heu**
- ○ die **Reiter**hose
- ○ das **Kamel**
- ○ die **Stiefel**
- ○ das **Zaum**zeug
- ○ die **Decke**
- ○ der **Huf**kratzer
- ○ die **Reit**kappe
- ○ der **Striegel**
- ○ die **Gummi**ente
- ○ die **Reit**gerte

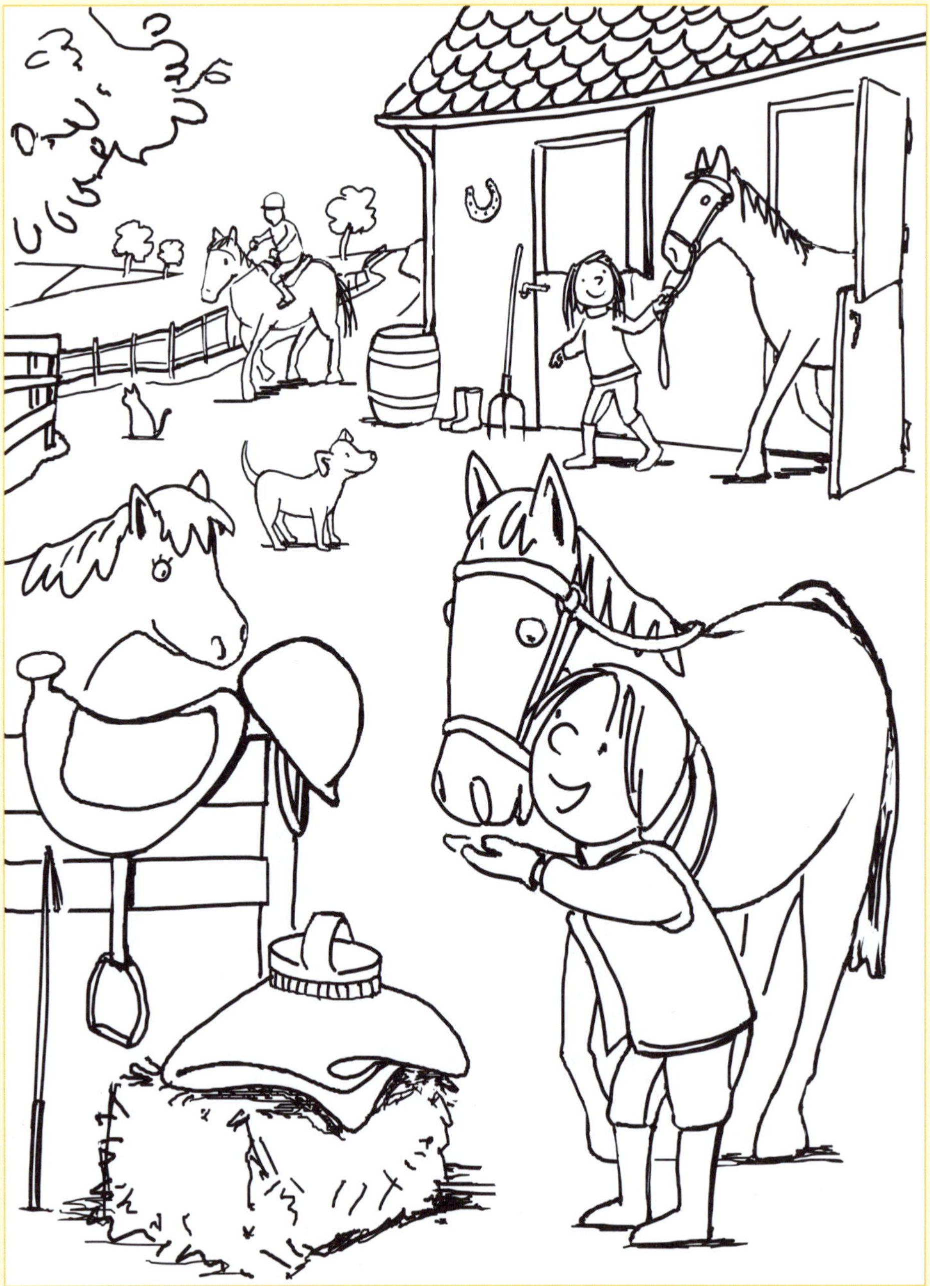

   Was braucht man zur Pferde**pflege**?

_____

  **Was siehst du? Male an.**

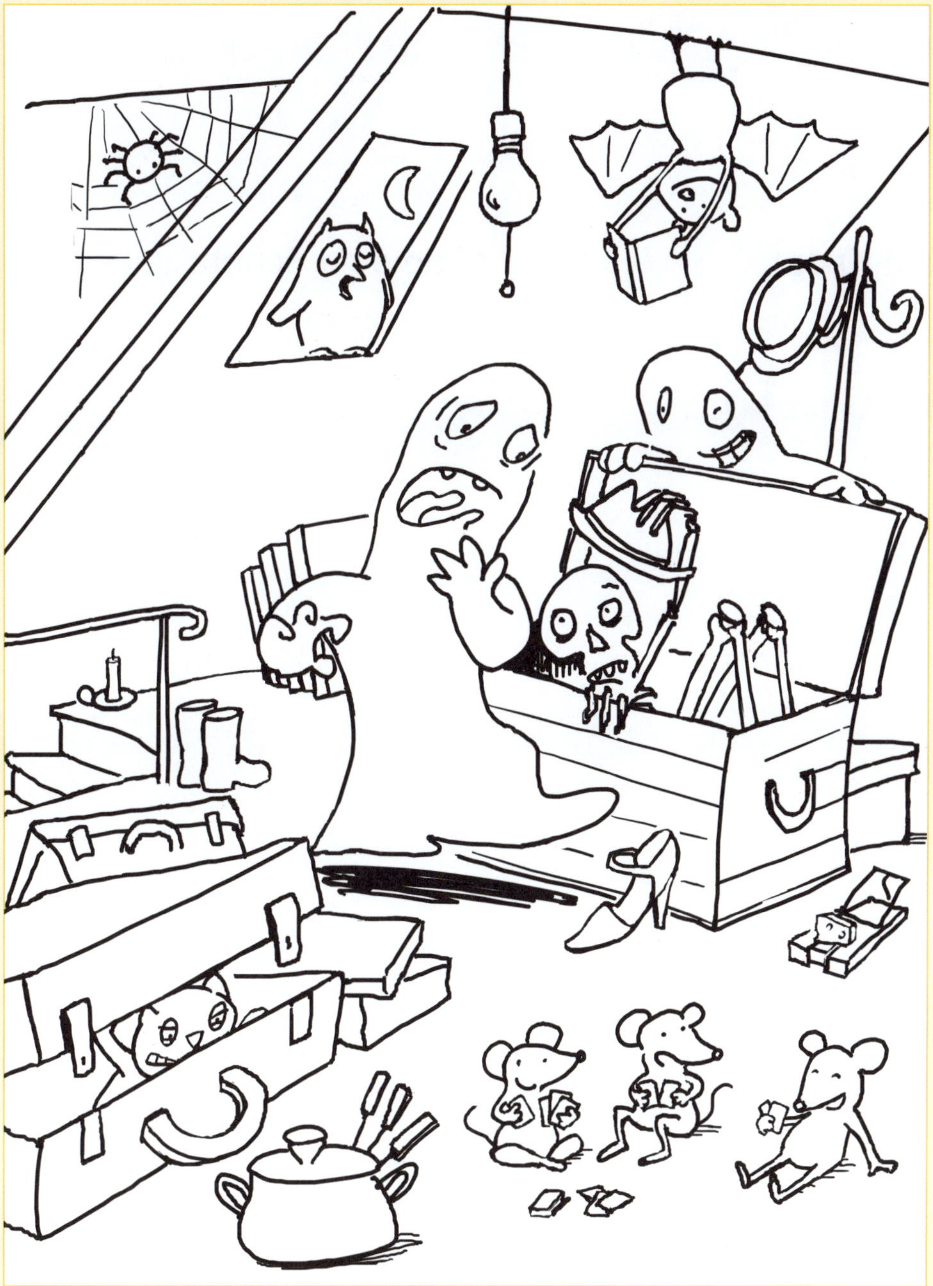

- ○ das **Gespenst**
- ○ die **Ritter**rüstung
- ○ die **Fleder**maus
- ○ die **Sonne**
- ○ das **Gerippe**
- ○ die **Eule**
- ○ der **Papagei**
- ○ die **Spinne**
- ○ die **Mäuse**
- ○ der **Kater**
- ○ die **Turm**uhr
- ○ der **Mond**
- ○ die **Kerze**
- ○ das **Spinnen**netz

   **Wovor gruselst du dich?**

_____

  **Male** 13  **Bilder.**

Male einen roten Knopf.

Male eine Schatzkiste.

Male einen Zahn vom Elefanten.

Male einen kleinen Floh.

Male fünf Punkte.

Male Futter für einen Drachen.

Male drei gelbe Blumen.

Male vier Reifen.

Male eine lange Schlange.

Male einen Apfel mit Wurm.

Male einen Schweineschwanz.

Male eine Tatze von einer Katze.

Male ein Fliegenbein.

Male eine Schnecke ohne Haus.

Male eine dicke Wolke.

Male ein Haus von einer Maus.

  **Male** **14** 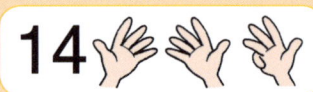 **Bilder.**

Male eine Spinne im Netz.

Male ein Kuscheltier.

Male vier Bonbons.

Male einen bunten Regenbogen.

Male viele Schneeflocken.

Male eine Rakete.

Male fünf braune Pferdeäpfel.

Male ein Feuer.

Male ein unheimliches Gespenst.

Male ein gefährliches Tier.

Male ein Geschenk mit Schleife.

Male eine Zahnbürste mit Zahnpasta.

Male einen roten Mund.

Male sieben grüne Grashalme.

Male ein leckeres Essen.

Denke dir was aus.

  **Lies und male.**

Male dem Piraten ein rotes Kopftuch.

Er hat eine Augenklappe.

Male dem König einen Bart.

Die Krone ist gelb

mit roten Edelsteinen.

Male der Hexe eine Warze

auf die Nase.

Die Haare sind grün.

Das Mädchen streckt

die Zunge raus.

Male ihm viele Sommersprossen.

Auf dem Lastwagen
sind sieben Kisten.

In der Pfanne
sind drei Spiegeleier.

Am Baum hängen 15 Kirschen.

Der Hund hat neun Flöhe.

  **Lies und male.**

Male dem Tiger Streifen.

Er hat scharfe Krallen.

Male dem Elefanten einen Rüssel.

Eine Maus sitzt auf seinem Rücken.

Male der Spinne acht Beine.

Im Netz sitzt eine Fliege.

Male dem Krokodil spitze Zähne.

Es liegt im Wasser.

Der Bär hat gelbe Entenfüße.

Er hat einen roten Schnabel.

Was fällt dir noch ein?

Der Regenwurm

trägt ein Schneckenhaus.

Er hat fünf Räder.

Das Kamel hat blaue Socken an.

Es trägt einen bunten Hut.

Was fällt dir noch ein?

Der Hase hat überall grüne Punkte.

Er hat einen Tigerschwanz.

Was fällt dir noch ein?

  **Kreuze an: JA oder NEIN?**

Der Elefant ist groß.	⊗ ja	O nein
Das Flugzeug hat Räder.	O ja	O nein
Kühe sind lila.	O ja	O nein
Der Tiger hat einen Schnabel.	O ja	O nein
Schokolade schmeckt salzig.	O ja	O nein
Alle Bäume haben Blätter.	O ja	O nein
Meine Hand hat fünf Finger.	O ja	O nein
Der Pilz hat einen Hut.	O ja	O nein
Die Spinne hat sechs Beine.	O ja	O nein
Der Ameisenbär frisst Ameisen.	O ja	O nein
Die Biene fängt Mäuse.	O ja	O nein
Der Elefant hat eine lange Nase.	O ja	O nein
Nudeln wachsen auf Bäumen.	O ja	O nein
Der Wal ist ein Fisch.	O ja	O nein
Der Affe kann gut klettern.	O ja	O nein

   Unterstreiche mit einem roten Stift, was du lustig findest.

  **Kreuze an: JA oder NEIN?**

Ich kann gut klettern.	O ja	O nein
Ich kann fliegen.	O ja	O nein
Meine Augen sind blau.	O ja	O nein
Ich habe rote Socken.	O ja	O nein
Ich kann rückwärts laufen.	O ja	O nein
Ich habe einen Rüssel.	O ja	O nein
Meine Haare sind stachelig.	O ja	O nein
Ich trinke gerne Kakao.	O ja	O nein
Am liebsten esse ich Krötenschleim.	O ja	O nein
Ich habe einen Schnurrbart.	O ja	O nein
Ich kann Zaubertricks.	O ja	O nein
Meine Oma kann Motorrad fahren.	O ja	O nein
Ich kann pfeifen.	O ja	O nein
Mein Hamster kann Handstand.	O ja	O nein
Ich kann lesen.	O ja	O nein

  Unterstreiche mit einem roten Stift, was du lustig findest.

  **Verbinde die richtigen Teile.**

Das Pferd	mag Käse.
Die Maus	hält den Ball.
Der Torwart	frisst Heu.

Der Hai	fängt Mäuse.
Die Katze	leuchtet hell.
Der Mond	hat Flossen.

Der Drache	ist sauer.
Der Bär	spuckt Feuer.
Die Zitrone	mag Honig.

Der Pirat	gibt Milch.
Die Kuh	fährt langsam.
Das Auto	hat ein Holzbein.

Die Spinne	brummt laut.
Das Kind	fängt Fliegen.
Das Motorrad	isst Bonbons.

Das Flugzeug	ist lecker.
Die Pizza	fliegt weit.
Das Schwein	grunzt viel.

Der Hund	bringt Post.
Der Maulwurf	frisst Knochen.
Der Postbote	macht Haufen.

Der Kuchen	liest Bücher.
Das Krokodil	ist lecker.
Die Lehrerin	beißt dich.

Wenn du fertig bist,
kannst du mit einem grünen Stift
Quatsch-Sätze verbinden.

  **Verbinde die richtigen Teile.**

Der Ritter	schreibt eine Geschichte.
Das Fahrrad	hat ein Schwert.
Der Junge	fährt schnell.

Das Mädchen	fliegt zum Mond.
Der Lehrer	springt Seil.
Die Rakete	schreibt an die Tafel.

Die Mücke	schießt ein Tor.
Der Fußballer	fährt Motorrad.
Die Oma	saugt Blut.

Der Opa	hat einen Rüssel.
Der Elefant	legt ein Ei.
Das Huhn	backt einen Kuchen.

Der Vampir	klettert auf die Palme.
Der Affe	hat eine rote Nase.
Der Clown	fliegt durch die Nacht.

Der Pilot	ist kalt.
Das Eis	schmatzt.
Der Igel	sitzt im Flugzeug.

Der Vogel	ist spannend.
Das Buch	hat Flöhe.
Der Hund	hat Flügel.

Das Pferd	singt ein Lied.
Die Hose	frisst Gras.
Die Sängerin	ist schmutzig.

  Wenn du fertig bist, kannst du mit einem grünen Stift Quatsch-Sätze verbinden.

  **Lies und ergänze.**

Im Zoo

Das ist Otto.
Er ist Tierpfleger im Zoo.

Finde heraus, welche Tiere Otto nacheinander füttert:

Nach den Elefanten beginnt er bei den _____.

Dann füttert er die _____.

Weiter geht es zu den _____.

Dann sind die _____ dran.

Und zum Schluss kommen die _____.

  **Lies und ergänze.**

Nun ist Otto mit seiner Arbeit fertig.

Was macht Otto jetzt?

Otto _____

_____

_____

 Hier kannst du Witz-Sätze aufschreiben.

Das Krokodil frisst gerne Pizza.
_____

_____

_____

_____

_____

_____

Die Abbildungen sind entnommen aus: „Im Zoo". Regenbogen Lesekiste I. Hrsg.: Heiko Balhorn, Erika Brinkmann, Hans Brügelmann, Rudolf Kretschmann, Gerheid Scheerer-Neumann. Text und Idee: Gerheid Scheerer-Neumann; Illustrationen: Walter Uihlein. © Ernst Klett Verlag GmbH, Stuttgart 2010

  **Was gehört zusammen?**

Die Giraffe frisst gerne	Fische
Der Elefant frisst gerne	Bananen
Das Krokodil frisst gerne	Fleisch
Der Affe frisst gerne	Salat
Der Pelikan frisst gerne	Milch
Der Hase frisst gerne	Fliegen
Die Schnecke frisst gerne	Mäuse
Otto isst gerne ein	Heu
Das Chamäleon frisst gerne	Fische
Die Eule frisst gerne	Fleisch
Der große Tiger frisst gerne	Blätter
Der kleine Tiger trinkt gerne	Wurstbrot
Der Pinguin frisst gerne	Möhren

Und was magst du gerne? _____

  **Lies und male.**

Der Drache hat grüne Flügel.

Seine Augen sind rot.

Das Feuer ist rot und gelb.

Aus seiner Nase kommt schwarzer Rauch.

Mit wem kämpft der Drache?

   **Mit wem kämpft der Drache?**

_____

  **Lies und male.**

Eine Mannschaft trägt rote Hemden
und grüne Hosen.
Die andere Mannschaft
trägt gelbe Hemden und rote Hosen.
Der Ball fliegt ins Tor.

   **Wie heißt deine Lieblings-Mannschaft?**

_____

  **Lies und male.**

Die Katze hat grüne Augen.

Ihr Fell ist braunweiß gestreift.

Sie trägt eine rote Schleife.

Ein Kätzchen sieht aus wie die Mama.

Ein Kätzchen ist schwarz.

Seine Pfoten sind weiß.

Das dritte Kätzchen ist gefleckt.

   Wie sollen die Kätzchen heißen?

_____

  **Lies und male.**

Das Pferd ist gesattelt.

Es hat einen schwarzen Schweif.

Am Kopf hat es eine weiße Blesse.

Sein Fell ist braun.

Das Zaumzeug ist rot.

Das Mädchen gibt ihm eine Möhre.

   **Was frisst das Pferd am liebsten?**

_____

 **Lies den Text.**

Lisa macht Obstsalat.

Sie schneidet Äpfel klein.

Sie schneidet Birnen klein.

Sie schneidet Bananen klein.

Sie knackt Nüsse.

Alles kommt in eine Schüssel.

Wer mag den Obstsalat **nicht**?

 Kreuze an.

Lotta mag keine Bananen.   O

Ella mag Nüsse gern.   O

Linus mag keine Rosinen.   O

   **Was magst du im Obstsalat?**

_____

_____

_____

_____

 **Lies den Text.** 59

Ben ist 7 Jahre alt.

Paula ist 2 Jahre jünger als Ben.

Lara ist 1 Jahr älter als Paula.

 Beantworte die Fragen.

Wie alt ist Paula?

_____

Wie alt ist Lara?

_____

  **Löse die Rätsel.**

Ich bin ein Säugetier.

Ich habe vier Pfoten.

Mein Fell ist weiß.

Ich kann schwimmen.

Ich fresse Fische und Robben.

Gemüse mag ich nicht.

Ich bin ein

_____ .

Ich bin ein Reptil.

Ich lebe am Wasser.

Meine Haut ist hart.

Ich lege Eier in den Sand.

Die Sonne brütet sie aus.

Ich habe ein großes Maul

und scharfe Zähne.

Ich könnte dich fressen.

Ich bin ein

_____ .

Ich kann fliegen.

Meine Flügel haben keine Federn.

Ich habe keinen Schnabel.

Insekten fresse ich gern.

Ich jage in der Nacht.

Am Tag schlafe ich mit dem Kopf

nach unten.

Ich bin kein Vampir.

Ich bin eine

_____ .

Ich fresse gerne Salat.

Ich habe keine Beine.

Ich bewege mich langsam.

Ich mache eine Schleimspur.

Mein Haus ist immer

in meiner Nähe.

Ich bin eine

_____ .

Ich bin das größte Säugetier
der Welt.
Mein Schwanz ist
eine mächtige Flosse.
Ich lebe im Meer.
Aber ich bin kein Fisch.
Meine Kinder heißen Kälber.
Ich kann mit Wasser spritzen.
Ich habe ein großes Maul.
Ich bin ein

_____ .

Mein Name wird manchmal
als Schimpfwort benutzt.
Ich bin
ein besonders kluges Tier.
Ich habe ein kleines
Schwänzchen.
Ich bin ein Haustier.
Manche Menschen
essen gern mein Fleisch.
Ich bin ein

_____ .

Ich kann nicht schwimmen.
Mein Fell ist braun.
Ich habe kurze Arme
und kräftige Beine.
Ich kann sehr gut springen.
Mein Kind sitzt
in meinem Beutel.
Ich lebe in Australien.
Ich bin ein

_____ .

Ich bin ein großer Vogel.
Ich kann sehr schnell rennen.
Fliegen kann ich nicht.
Ich habe einen langen Hals.
Er hat keine Federn.
Meine Eier sind die größten
der Welt.
Mein Name reimt sich
auf MAUS.
Ich bin ein

_____ .

 Die Lösungen findest du auf Seite 64 unten.

  **Erzähle weiter.**

Die Maus hat Hunger.

Oben auf dem Schrank liegt ein Stück Käse.

Sie kann es bis in ihr Mauseloch riechen.

Aber vor dem Schrank liegt die Katze.

Sie sieht auch hungrig aus.

Da hört die Maus, wie sich knarrend die Tür zur Küche öffnet …

_____

_____

_____

_____

_____

_____

_____

_____

  **Erzähle weiter.**

Es war einmal ein kleiner Zauberer.

Er wohnte allein und langweilte sich oft.

Deshalb ärgerte er die Tiere.

Der Giraffe zauberte er einen kurzen Hals.

Nun konnte sie keine Blätter mehr von den Bäumen fressen.

Die Maus zauberte er ganz groß.

Nun passte sie nicht mehr in ihr Loch.

Viele andere Tiere waren auch schon verzaubert.

Eines Tages wurde es den Tieren zu viel.

Sie wollten sich nicht länger ärgern lassen.

Zusammen überlegten sie lange, was sie tun könnten.

Da hatte der Dachs eine Idee …

_____

_____

_____

_____

_____

Datum: _____

  **Ein Buch, das ich mag.**

So heißt das Buch (Titel):

_____

_____

Es wurde geschrieben von (Autor):

_____

Das gefällt mir im Buch besonders gut:

Dieser Satz ist besonders wichtig/schön/spannend …:

_____

_____